낙관주의자의 빈집

허순행 시집

문학의전당 시인선
0254

낙관주의자의 빈집

허순행 시집

문학의전당

시인의 말

순전히 네 뜻인 양 봄이 왔다
겨우내 갇혀 있던 골방을 빠져나와 사방을 둘러본다
죽비 소리에 놀란 시간이 갑자기 분주해진다

2017년 5월
허순행

차례

시인의 말

제1부

11월 13
지킬 박사의 어떤 여름밤 14
반역 16
고정관념 18
쭈니의 혼잣말 19
순록을 위하여 20
우물에 관한 우울한 23
호모사피엔스의 바늘귀 24
하이퍼 리얼리티 26
회암사지에서 28
내 동생은 30
목숨은 목숨에 기대서야 제 얼굴을 알아본다 33
여름의 끝 34
폭설 35
불면 36
문호리 이야기 38
느티나무가 제 그림자를 키우는 동안 40

제2부

이름 43
소금이 너에게 44
이상한 나라의 엘리스 46
심장이식 48
불통에 관한 50
밥 또는 법 51
사진첩에서 52
수색역을 위한 꼴라쥬 54
욕망에 관한 55
빈집 56
제승당에서 57
일주일의 드로잉 58
신인류 61
낙타풀 62
3월 64
열정과 냉정 사이 66
이면 68

제3부

어둡고 맑고 깊은 71
혼자 남겨진다는 것은 72
11월에 내리는 비 74
지독한 사랑 76
극성스럽다 77
길 위에서 78
핑크 카펫 80
낙관주의자의 빈집 82
따뜻함에 대한 가벼운 사유 83
방정식으로 풀기 84
갱년기 86
망우역에서 87
편견 88
출근길 90
여름이 오기 전에 91
사랑 92

쇠똥구리관 93
맹인가족 94
시 95
축복 96

해설 | 어둠으로 어둠을 이기는 법 97
이현호(시인)

제1부

11월

외롭다, 라고 말하자 구름이 몰려왔다
나뭇가지에 매달렸던 가을이 빨갛게 얼굴을 붉히며 물기를 털어냈다
시간이 회색 구름을 꺼내 입었다

새벽이면 깊어진 적막이 하얗게 땅을 덮었다

지킬 박사의 어떤 여름밤

여름은 오랫동안 신발에 머물렀다 골목에 남아 있던 어둠이 사내를 기웃거렸고 서둘러 집으로 돌아가는 여자들의 목덜미를 붙잡았다 붉은 정지신호가 아무렇지도 않게 깜빡거렸다 밤은 제 무게에 눌려 숨이 차다

아버지라는 말은 공포를 앞세웠다 아버지라는 말은 십리 밖에서도 눈을 부릅떴다 술 냄새가 머리통을 쥐고 흔들 때마다 짐승 한 마리가 방 안을 기어다녔다 잘못했습니다 아버지 어린 짐승은 빌고 또 빌었다 문틈으로 엿보던 어머니가 파랗게 속삭였다

〈무얼 잘못했다는 게냐〉

정지신호가 길을 막아선다 낮이 아름다웠던 사내는 걸음을 멈추지 않는다 택시가 경적을 울리고 욕설을 퍼붓는다

갈비뼈 속에 숨어 있던 짐승이 빗장을 연다 바벨탑으로 오르던 아버지가 발을 헛딛는다 아버지를 끌어내 시궁창에 처박고 사내가 웃어댄다 밤마다 짐승이 태어났고 짐승을 죽였다

가로등을 벗어나자 따라오던 그림자가 몸속으로 숨는다

탈을 벗은 어둠이 아랫도리에 달라붙어 사내를 흔들어댄다
몸이 몸에 묻은 울음을 털어낸다
　바람이, 나뭇잎이, 스쳐 지나가는 불빛이, 여학생이, 베이
비로션이, 또록또록 눈을 뜬 허공이 그를 지켜본다

　지킬 박사가 거리를 헤매는 동안
　제 몸을 꺼내 밧줄로 묶은 낙타가
　절뚝거리며 지구 밖으로 걸어나갔다

반역

이웃집 여자가 검불을 떼어주며 좀 조신하게 다니려무나 했을 때 어쩌면 저 여자가 내 엄마일지도 몰라 생각했다 더 어릴 적엔 이모 뒤만 따라다녔다 통치마 끝으로 살짝살짝 보이는 종아리가 유난히 희었고 말끝에 섞이는 웃음소리가 포도알처럼 탱글탱글했다 그림자처럼 따라다니면서 그녀 속의 나를 찾느라고 온몸이 축축하게 젖곤 했다 언젠가는 집에 놀러온 외숙모의 헌칠한 키에 반해 혹시 이 여자가?

엄마는 늘 혼만 냈다
피가 나도록 손톱을 짧게 깎아 주었고 머리도 고무줄로 단단하게 묶어야 했다 너무 아파서 짜증이라도 내면 가차 없이 어깨를 내리쳤다 해가 설핏해지도록 나가 놀면 큰소리로 나를 불렀다 저무는 석양이 빨갛게 골을 냈지만 엄마는 단호했다

그러나 장날이면 신바람이 났다
비단 치마저고리에 깨끗하게 닦은 흰 고무신을 꺼내 신고 대문을 나서는 엄마의 귀밑머리에서 자르르 분 냄새가 흘러나왔다 엄마의 그림자에 묻어오는 사내들의 발자국 소리를

기다리느라 온 종일 달떠서 동구 밖을 내다보았다

좀 더 나이가 들자
나는 그 많은 엄마들을 꺼내 장롱 속에 가두었다

고정관념

어둠이 몸을 더듬어요 죽었던 숨소리가 늑골 마디마디를 주물러요 속수무책으로 풀어진 몸이, 동그란 지구가, 살 속에 들어 있던 비밀이 가랑이를 벌려요 어둠이 제 무게만큼 몸을 낮췄어요 별들이 몸에 묻은 물감으로 꽃잎을 그렸어요 어둡고 깊은 골짜기에서 둥근 물이 흘러내렸어요 죽은 몸이 천년을 깨워서 부풀어 오른 어둠을 숨겨주었어요

그러나 이 모든 것은 착란
한 번도 만난 적이 없는 어둠 속에서

빙산이 무너지고 있을까요

쭈니의 혼잣말

엄마라는 말에는 두 개의 입술이 붙어 있어요

아침에 나갔다가 서늘한 밤이 창문을 기웃거릴 때쯤, 배고픔과 외로움을 잠으로 버티는 동안 그녀는 허깨비처럼 까맣게 스며들어요 때로는 지쳐서 때로는 마음이 상해서 죽은 척 엎드려 있으면 그녀가 나를 불러서 자신의 존재를 일깨워요 엄마가 왔는데 반가워도 안 해?

내 몸에는 적막이 스며들어 이미 어두워졌는데요
창문을 두드리던 바람도 줄기찬 빗소리도
그냥 캄캄해져서 어둠 속으로 기어들어 갔는데요

입술과 입술 사이에 갇혀 있던 말이
엄마를 찾아 길을 떠났는데요

순록을 위하여

때 : 2014년 10월

곳 : 국립마산병원

가 : 40년 전 기억이 곳곳에 남아 있는데 바다는 보이질 않네요

나 : 해양신도시 건설 사업으로 바다 절반이 사라졌답니다 가포 앞바다도 그때 매립되었지요

가 : 바다가 사라졌다구요? (혼잣말로) 그 무렵 늘 죽음이 다가와서 방 안을 기웃거렸어요 밤새도록 머리맡을 어지럽혔던 기침 소리가 새벽이면 붉게 이불을 적셨고 사람들은 떠나갔어요 어제의 웃음이 오늘은 슬픔으로 바뀌었지요 그때 바다가 내게로 왔어요 절망이 나를 바다로 이끌었어요 보이지 않는 손들이 등을 돌리고 몸무게를 끌어내리는 동안 바다가 괜찮다고 괜찮다고 위로를 해주었어요

나 : (여전히 담담하게) 바다가 반격을 시작했지요 고향을 찾아온 물이 해안지대를 쑥대밭으로 만들었으니까요

가 : (여리게) 병원은 죽음에 더 가까이 있는 곳이었어요 늘 이승을 떠나려는 혼백이 창문을 두드렸어요 그런 날에는 공포가 눈을 뜬 채 머리맡을 지켰어요 발짝 소리가 바쁘게 수술실을 드나들었고 어둠 속에 숨어 있던 소리들이 곳곳에서 눈알을 번득였어요 불안한 소문들이 입에서 입으로 건너갔지요

그래도 다음날에는 파랗게 세수를 한 바다가 창문을 열었어요

나 : 매립하기 전 마산 앞바다는 배들의 피난처였습니다 태풍이 오면 밤바다는 순식간에 불의 도시가 됐어요 바람보다도 먼저 그리움이 도착해서 처녀들의 마음을 설레게 했지요 (점점 세게) 그러나 2003년 9월 12일 태풍 매미가 왔을 때는 전혀 달랐어요 바닷물이 도로며 시장이며 아파트 허리춤까지 달려들었어요 일방적인 전투였지요 물건들이 파편처럼 날리고 건물이 무너지고 온 시내가 아수라장이 되었지만 사람들은 속수무책이었습니다 놀라운 것은 해안침수선이 매립지도와 일치한다는 것이었지요 사람들은 물이 고향을

찾아왔다고 수근거렸어요 두려움이 전염병처럼 도시를 덮었어요

가 : (가볍게) 몸무게가 시계 방향으로 기울자 겨울이 옷을 벗었어요 목련이 하얀 얼굴에 분을 발랐어요 웃음소리가 탱자나무 울타리를 넘어갔던가요 서쪽 하늘이 바다를 데려와서 꽃물을 들이는 동안 계절이 두어 번 더 도랑물을 건너갔지요

병원 뜰 : 단풍나무가 붉은 눈으로 40년 후 방문객을 들여다본다 산이 제 그림자를 끌고 와서 뜰 아래 앉아 있다 바다가 죽은 몸을 일으켜 세워 허공에 둥지를 틀 법한 가을

나 : 병원도 다시 신축할 예정입니다 이달 말, 68년의 형상을 허물고 나면 기억으로만 남겠지요

에필로그 : 하얀 새떼를 데리고 개마고원을 넘어가던 구름이 한 무리의 순록이 머무는 시베리아 벌판으로 길게 손을 뻗어본다

우물에 관한 우울한

아버지가 한눈을 파는 사이 엄마는 우물로 갔다 엄마를 받아 안고 머리칼을 풀어헤친 어둠이 밤마다 아버지를 찾아왔다 문살에 비친 알몸이 아버지를 흔들어 깨우고 넌 죽은 몸이야 고함 소리가 밤을 흔들고 우리들은 이불 속에 숨어서 엄마를 부르다가 새벽이 되면 장지문을 열고 사랑방으로 건너가는 엄마를 보았다

수염이 긴, 붉은 사내를 쫓아내자 여자들이 입을 열기 시작했다 손을 잡혀 혼비백산했다고 사촌 올케도 거품을 물었다 바람을 껴안은 채 동구 밖으로 퍼지던 소문이 집집마다 마루에 걸터앉아 얼굴을 붉혔다

남자의 아내가 우물로 가서 하얗게 몸 씻고 동네를 향해 세 번 절했다 누군가가 삼베를 끌고 우물 속으로 들어가서 적막을 꺼내왔다

달빛이 환한 밤이었다

저녁이 되면
죽은 우물이 서쪽 하늘에 붉은 속치마를 내다걸었다

호모사피엔스의 바늘귀

반짇고리 속에는 할머니가 산다
—우리 집 목숨줄이었느니
바늘귀에 실을 꿰어 세상으로 가는 길을 보여주셨을 때는 아직 어렸었다 시치며 박으며 하늘에 있는 달을 따서 안방으로 옮길 때까지도 원시 속으로 저문 사내들의 얘기는 하지 않으셨다

호모사피엔스가 북쪽으로 이동했을 때 태양과 이별한 바람이 얼음산을 데리고 왔다 빙하기로 들면서 사내들은 죽어갔다 피하지방 속으로 숨은 여자들은 나뭇가지에 귀를 달아 동굴 속 어둠을 건너갔다

첫 번째 사내가 떠났을 때 나는 문턱에 앉아 수를 놓았다 다알리아가 피는 계절이었다 한낮이 지루하게 해를 밀어냈다 수틀에서는 눈이 내렸다 겨울이 나와 수틀 사이를 오랫동안 오고갔다 하얗게 눈이 내려 온 세상을 덮을 때까지 수틀에서는 눈이 멈추지 않았다

두 번째 이별을 했을 때

내 몸에서는 벌레 한 마리가 자라고 있었다 꼬물거리는 헛것이 몸속에서 제 몸을 키워갔다 때때로 피를 토했고 캄캄한 어둠으로 얼굴을 가린 채 밤새도록 어둠을 지켰다 부풀어 오르던 몸이 달덩이처럼 환해지자 사내아이가 바람을 등에 지고 걸어나왔다

저물녘에는 발짝 소리에 잠깐씩 귀를 기울였으나 날은 그냥 저물었다

여자들은 밤을 새워 바늘귀 속으로 길을 냈다

하이퍼 리얼리티

소문이 그 사람을 죽였다 처음 연기가 나기 시작했을 때 굴뚝은 말을 아꼈다 그러나 불쏘시개에 불이 붙자 굴뚝은 시커먼 말들을 꾸역꾸역 쏟아냈다 그는 부인했지만 그럴수록 소문은 돼지처럼 몸을 키웠다 대기는 시커먼 소문에 뒤덮여 산소를 태웠고 사람들은 답답함을 호소했다 숨이 막힌 사람들이 거리로 쏟아져 나왔다

그 사람은 늘 자신을 믿었다 믿었음으로 말이 반듯했다 반듯했기 때문에 사람들도 그를 지지했다 한 번도 잘못된 것에 눈길을 주지 않았고 항상 밝은 쪽에 자신을 세웠다 환한 대낮에도 촛불을 켜야 할 정도로 밝음을 사랑했다 부모님의 죽음도 무수한 박해도 예리한 칼날도 그를 불의에 빠뜨릴 수 없다고 믿었다 늘 아름다웠고 확신에 차 있었다 그 사람은 밝음 그 자체였다 그러나 지나친 것은 부족함만 못한 법, 밝으면 밝을수록 제 몫의 무게가 등 뒤를 지키는 법, 흑암천(黑闇天)*이 제 모습을 드러내자 사람들이 수군거리기 시작했다 숨어 있던 어둠이 킬킬거리고 웃기 시작했다 굴뚝이 검은 연기를 쏟아내기 시작한 건 그 무렵쯤

사람들은 소문을 믿었고 그 사람은 자신을 믿었다 믿었음으로 소문에 휘둘리지 않았다 그러자 점점 힘이 세진 소문이 그의 믿음을 시커멓게 지워버렸다 그리하여 절벽에 부딪힌 그 사람은 절벽에서 뛰어내려 자신을 증명하려고 했다

진실과 이미지 사이에서 한 마리 새가 날아오른 후, 누군가는 그의 영혼을 그려 허공에 띄웠다

---

*흑암천(黑闇天): 불교경전 열반경에 나오는 우화, 흑암천(재난)과 공덕천(행운)은 쌍둥이 자매로 늘 함께 붙어 다닌다고 한다.

회암사지*에서

물상이 된 시간을 보네
기억을 가두고 화석이 된 시간들
바람의 근원 붙잡고 주춧돌에 누워 있네

타클라마칸 사막을 걸어 히말라야를 채운 바랑 속으로 구름 흘러든다 나란타사를 닮은 천보산 아래 가부좌를 틀고 지공선사, 깊고 어두운 적막에 든다 도랑물 아래 몸 담근 나무들 기슭으로 건너가 풍경에 귀 기울이는데 고려의 밭은 호흡, 뒤따라와서 날개를 접는다 강물 깊어진다

청산은 나를 보고 말없이 살라 하고
창공은 나를 보고 티 없이 살라 하네
사랑도 벗어놓고 미움도 벗어놓고
물같이 바람같이 살다가 가라 하네**

저녁 내내 따라오던 달빛이 친정집 앞에서 멈췄다 느티나무 아래 고여 있던 어둠이 화들짝 놀라 몸을 숨겼다 트럭에 실린 일곱 해가 대문을 두드리지 못하고 머뭇거렸다 불면에

들었던 밤중이 엄마를 흔들었다 "돌아가거라" 새벽이 닭 울음을 불러내 등을 떠밀었다

육신보다 육친이 아픈 상왕*** 절에 들어 절을 하네 심장이 죽은 피 꺼내 얼굴 씻기네 한밤중이 공중에 머물러 울음 지켜보네 무학대사, 받아 안은 울음 너무 깊어 석상이 되네 비가 오는데 어디쯤 가야 정법에 닿을는지 발짝 소리 멀리 가지 못하고 경내를 헤매네

돌아오는 길
따라오던 그림자가 앞장을 선다
삿갓 아래 자신을 가둔 사내**** 돌 아래 앉아 있다
하루가 저물고 천년이 서산에 걸린다

---

*회암사는 인도 출신의 승려 지공선사가 창건하고 고려 말 승려 나옹선사가 중건하였다. 조선시대 무대사가 주지를 지낸 절로 현재 폐허가 된 절터를 복원 중이다.
**나옹선사.
***조선 태조 이성계는 이 절에 들어 오랫동안 묵언 수행했다고 한다.
****김삿갓으로 유명한 조선 시대 시인 김병연.

내 동생은

일터로 가기 전, 아버지의 잔소리가 시작되면
"예, 아버지" 지게를 진 채 마음을 읊조린다
해가 떠서 이슬이 마르고 건너편 산에서 뻐꾸기가 (뻐꾹뻐꾹) 때를 알려도 아버지의 잔소리가 끝나기 전에는 육신을 접어 지게에 받친 채 나무가 된다
"예, 아버지"
작대기를 쥔 손에서 땀이 흐르고 목덜미가 붉게 물들어도 그의 몸 어디에서도 가시가 돋지 않는다
"예, 아버지"

어린 날, 겨우 다섯 살의 나이로 형아를 따라나섰다가 네 해를 견디지 못하고 그만둔 학교가 마음에 걸리지만 그는 어린 날의 그 애를 순결하게 바라볼 뿐
"예, 아버지"
어디에도 없는 순응이 육십 해를 넘어 푸른 논길을 걸어간다

칠 남매의 넷째, 그 애가 없었다면 대학을 나와 박사가 된 형들과 교단에서 시를 가르치는 누이와 동네 걱정이 온통 당

신의 근심이었던 어머니를 닮아 하루에도 몇 차례씩 읍내를 드나드는 오토바이와 고샅길을 돌아 길게 이어지는 복숭아 밭이 그 애의 얼굴을 닮아 실하게 익어간다는 것 그 애가 없었다면 자식처럼 보살피는 돼지들의 수다도 없었을 것이라는 것

등짐을 진 채 혼자서 산길을 오르는 동생은 방학이면 교복을 입고 내려오는 형들을 보며 숨어 울었을지도 모를 일 흰 블라우스에 단발머리 여학생을 훔쳐보며 일찌감치 나무가 되어버린 자신을 서러워했을지도 모를 일 어쩌면 스무 고개를 넘어가는 고비에서 콱 죽어버리고 싶었을지도 모를 일 이랑마다 그 애의 눈물 고여 있어 배추고갱이가 그렇게 샛노랬을지도 모를 일 아버지와 어머니를 묶어 내 집 현관 앞에다 패대기쳤을지도 모를 일

그 애가 지금은 느티나무처럼 고향을 지키고 있다 집집마다 일손을 나누며 나무들이 제 길을 걸어 열매를 찾아가도록 길을 열어주고 있다 새벽마다 나무가 건네는 말 속으로 들어

가서 땅속 깊은 속살을 만져보고 자신의 그림자에 기대 하루를 읽어내는 것이다 그 애가 점점 거목이 되어가는 이유

목숨은 목숨에 기대서야 제 얼굴을 알아본다

"죽이지 마!"

벌레 한 마리가 사내들의 목청을 흔들었다 "죽이지 마!" 송충이 한 마리가 온몸으로 제 존재를 알리는 한낮, 약속도 하지 않은 말이 총구를 빠져나갔다

쭈니가 오자 내 집이 꼬리를 흔들기 시작했다 딸애가 입을 열었고 햇살이 툇마루에 앉아 그 애의 목덜미를 쓰다듬었다 침묵하던 먼지들이 바람에 붙잡혀 창문을 넘어갔다 구석에 머물던 고요가 귀를 기울여서 웃음소리를 들었다

"죽이지 마"

끓어오르던 열기가 거품을 물었을 때 목숨에 매달린 하루가 목숨을 붙잡고 목숨을 구걸했을 때 문득 나무에서 떨어진 벌레 한 마리가 연병장을 푸르게 물들였다

'죽이지 마'

느티나무가 더 깊게 뿌리를 내리는 오후

송충이 한 마리가 꿈틀거리며 운동장을 기어갔다

여름의 끝

장롱 안으로 들던 여름이 제라늄 속살을 살짝 만졌어요 붉어진 한낮이 잠시 창문을 들여다볼지도 몰라요 풀섶에 매달린 저녁이 한 걸음씩 계단을 내려가네요 매미가 잠깐 제 이름을 부르다가 시무룩해져요 물 아래로 내려온 별들이 가만가만 중얼거려요 베짱이며 여치가 목소리 속 고요를 꺼내 똑똑 노크를 해요 바람이 긴 옷을 꺼내 입어요 서늘해진 불빛이 느티나무 그늘로 숨는 어둠을 붙잡아요

불면에 갇힌 밤중이 유리알처럼 투명해져서 창문을 두드려요

서늘한 말씨로 갈아입은 누군가가
치맛자락을 들어올렸어요

폭설

눈이 오면 나올래?

그가 던진 말이 허공을 엿본다 축축한 대기가 어깨를 웅크린다 회색에 가려 보이지 않는 도시 위로 말이 내려온다 기상예보가 바람에 걸린 나뭇가지의 멱살을 움켜쥔다 눈이 오면 나올래? 차들은 멈추어 서서 움직일 줄 모르고 집으로 가는 길은 하얗게 젖어 있다 폭설은 수평으로 누워 허공을 건너간다 문짝을 두드려대는 바람이 말과 싸운다 두려움을 꺼내지 못한 바퀴들이 징징거리며 울기 시작하고 도착하지 못한 시간이 주머니 속에서 조바심을 한다 여자, 마음이 급해진다 어디선가 앰뷸런스가 비명을 지른다 빨간 경광등이 눈을 부릅뜬다 여자, 뛰기 시작한다 눈이 오면 바람에 잘린 말들이 여기저기 흩어진다 흩어진 말을 모아 문장을 만드는 동안 말은 제 몸에 묻은 붉은 핏물을 본다

도시가 일순 경적을 울린다

불면

어둠이 근육을 키워요 밤이 깊어지는 동안 창문에서 별 하나가 사라졌어요 시계가 세 번 잠을 경고했구요 바람이 허공을 몸에 걸치고 골목을 지나갔어요 내 귀는 또 싱싱해져서 벽 속에 살고 있는 누군가의 한숨 소리를 들은 듯도 해요

몸을 뒤척여요 유년을 가로지른 밤이 느티나무 한 그루를 데리고 와요 아랫도리가 헐어 버슬버슬 속앓이를 했던 나무가 여름이면 그늘을 끌고 와서 발치에 우리를 앉혔어요 조그만 머슴애들이 계집애들 치마 속으로 들어가서 바람을 만졌어요 엄마가 소리쳤어요 이런 못된 것들, 놀란 소리가 이마를 만져요

이마를 만져요 엄마는 달아오른 동생의 이마에 연신 물수건을 얹어요 내 이마도 뜨거워요 사과즙이 그 애의 머리맡에 놓이면 찌꺼기는 차가운 손으로 나를 건드려요 눈물을 매단 어둠이 창구멍을 들여다봐요 그렁그렁한 눈알 속에서 쿵쿵 심장 뛰는 소리가 들려요 거대한 어둠이 내 심장을 물어뜯을지도 몰라요 죽은 그 애는, 네 살이 세 살을 질투했어요

그믐달이 파랗게 식은 하늘에 새벽을 데려와요
침대가 하품을 해요
죽은 동생이 방문을 열어요
엄마가 머리맡에 물그릇을 놓고 가요 엄마는,
꼬리를 잡힌 말이 혼자서 엄마를 따라가요

문호리* 이야기

문호리에는 배우 이영애가 산다 그녀를 꼭 닮은 쌍둥이별을 데리고 숲이 되어 산다 해가 뜰 무렵, 아직 마르지 않은 풀끝에서 별이 돋고 청미래덩쿨이며 때까치가 들려주는 숲속 이야기에 귀를 기울이면서 늙은 소나무가 기침을 하는 길섶으로 아이들을 앞장세운다 파랗게 물이 든 강물이 그 애들 뒤를 따라가다가 깊어진 하늘을 가슴에 담는다

문호리에는 (소나기 속) 소년도 산다 소녀를 잃고 그림자까지 혼자였던 소년, 골짜기로 가서 기억이 되었지만 때로는 형상으로만 남은 기억을 꺼내 들판을 뛰어다니고 수수깡을 분질러 마른 목을 축이고 소녀의 흰 옷에 붉은 물감을 들이고 싶다 억새가 하얗게 웃으며 바람을 흔들고 소나기를 피해 물러섰던 저녁노을이 강물 위에서 몸을 풀면 청둥오리가 날아오는 물의 하구로 가서 멈추어버린 시간을 던져버리고 싶다

문호리에 가면

잔아박물관에서 걸어 나온 말들이 잠을 물린 아이처럼 안네의 다락방을 오르내린다 대지를 호령하던 바람이 원시의

어둠을 책갈피에 숨겨놓은 채 커튼을 들어올린다

이야기 속으로 비가 내리고 바람이 문고리를 잡고 흔들면
문호리가 파란 강물 사이로 길을 열어준다

---

* 경기도 양평군에 있는 마을.

느티나무가 제 그림자를 키우는 동안

땅 위로 누운 긴 그림자에 저녁이 매달린다

느티나무 한 그루가 마음을 붙잡는 집
마당으로 들어서면 바람으로 잠들어 있을 어머니가 뛰어 나오고
가랑잎이 봉당 위를 굴러 와서 신발을 만져본다
왔니? 문지방을 지키던 먼지가 몸을 털어내고
구석에 숨어서 허공을 엿보던 거미가 발톱을 세운다
한 움큼 쥐고 있던 어둠이 손아귀에서 빠져나간다
소나무 기둥 밑에 잠들어 있던 침묵을 깨워
허물어지는 기억 꺼내들면
백년 넘게 등짐에 눌려 있던 서까래가 기지개를 켠다
저승을 건너온 뼈마디가 우두두둑 헛기침을 한다

마음이 먼저 걸어 나와 그림자가 되는 집
검은 집

제2부

이름

너라는 말 속으로 낯선 사내가 들어선다 모음 하나만 건드려도 너의 다리는 바지 속에서 용트림한다 말 속에서 이루어낸 형상이 너를 이루고 뼈를 갖춰 자리를 잡듯 너를 부르면 허옇게 갈기를 세운 말이 입김을 토하며 달려온다 네가 너를 만드는 동안 아무도 기웃거리지 않은 자음 속으로 권능의 말이 우뚝 선다

소금이 너에게

4월 어느 날,

누군가 나를 가두고 사랑하겠다 했니라 봄이 막 분탕질을 끝냈을 무렵이었니라 해안에서 놀던 나를 끌어올려 작은 집에 가두었을 때, 그게 사랑이려니 했니라 처음에는 물방개며 달빛이며 별들이 와서 놀아주어 그런대로 참을 만했니라 바람과 햇살이 몸을 쓰다듬는 동안에도 떠나온 바다가 먼발치에서 노래를 들려주었니라

사랑하겠다는 말은 잉걸불처럼 뜨거워서 내 몸은 바삭바삭 말라갔니라 밤도 검은 옷을 껴입은 채 부지런히 오겠다 했으나 바슬바슬 부서지기 시작한 몸을 식혀줄 수는 없었니라 승냥이 떼가 몸을 휘젓고 햇살이 뼛속을 송곳으로 찌르고 주리를 틀듯 사지가 비틀리는 동안 나는 빌고 빌었니라 하늘이며 바람이며 날아가는 갈매기에게도 목숨을 부탁했더니라 마음에 날이 서고 더 많은 모서리가 생기자 나는 아예 눈을 감았더니라

그러던 어느 날,

햇살이 몸속 깊이 들어와 제 그림자를 드리웠을 때 내가 하얀 사리로 변해 있더니라 그제서야 내가 내 몸을 눈물겹게 우러러보았니라

느티나무가 제 나이를 내려놓고 바람이 서너 번 더 골짜기를 내려온다 했으나 나는 눈보다 더 하얀 몸으로 당신에게 간다고 했더니라 그대의 등에 업혀 그대의 목숨 속으로 먼 길을 떠났더니라

이상한 나라의 엘리스

고양이 한 마리가 여자의 잠 속으로 들어가 털실을 물고
갔다고
엉킨 털실을 따라가다가 길을 잃었다고
참새들이 온종일 수다를 떨고 다녔는데

잠 속으로 이어진 길이 끝없이 풀어진 실타래를 끌고 다녔다 깊은 동굴이 하얗게 이빨을 드러내고 으르렁거렸다 실뭉치가 발톱을 세우고 잠을 할퀴었다 머리카락을 풀어헤친 어둠이 허공으로 둥둥 떠다녔다 발이 바닥에 닿지 않았으므로 몸은 계속해서 아래로 떨어져 내렸다 풀지 못한 매듭이 발목을 잡았고 사방에서 둥근 눈알들이 시비를 걸어왔다 고양이가 '넌 죽어야 돼' 낮은 소리로 중얼거렸다 진흙탕물이 골짜기로 흘러내렸다 여자가 소리를 질렀지만 소리는 빠르게 물속으로 떠내려갔다 백발이 된 엘리스가 낡은 의자를 가져다주었으나 의자는 앉기도 전에 스르르 부서져 내렸다 먼지가 까맣게 눈앞을 덮었다 실타래가 목을 조여 왔다
'꿈을 꾸셨나 봐요'
누군가가 잠을 흔들었다

지하철의 긴 통로를 벗어난 여자는 이상한 잠을 꺼내 쓰레기통에 버리고 빠르게 횡단보도를 건너갔다 빨간 정지신호가 여자 뒤를 따라갔다

심장이식

누군가가 말을 걸어요 축구장에 갈래? 말이 튀어나오고 문득 말이 놀라 기겁을 해요 축구장이라구! 놀란 심장이 귀를 기울여요 골망이 크게 흔들려요 그때 기분을 아니? 몸속에서 끊임없이 말이 말을 걸어요

입술이 파랗게 식으면 오색구름이 몰려왔어요 한 번도 보지 못한 그림자가 발목을 잡았어요 왼쪽에서 살고 있는 스무살이 하얀 가운을 꺼내 바닥에 깔았어요 까맣게 죽어가던 실개천으로 문득 말 한 마리가 들어왔어요 심장이 붉은 방 한 칸을 내주었어요 파랗게 시들던 말에 피가 돌기 시작했어요

그 후로 미루나무가 줄지어 선 언덕에서 저무는 하늘을 보기로 했어요 말에 이끌려 언덕으로 오르면 내 몸은 잠잠해졌어요 저무는 어둠이 어깨를 안아주었고 개울물 소리가 발가락을 만져주었어요 나를 닮은 말이 내 몸속으로 흘러들었어요

발에 닿는 공의 감촉이 짜릿해요 바람이 우리를 껴안아요

우리는 하나예요 아니 둘이예요 어둠에 들면 두 개의 그림자가 나를 따라와요

둥근 우주가 몸을 식히는 중이에요

불통에 관한
—영화 〈랍스타〉 중에서

아무도 믿지 못하는 그가 일을 냈다

여자가 물을 마신다 어둠이 불을 켠다 밀정처럼 낮은 그림자가 도로를 채우고 금방 온다던 남자는 돌아오지 않는다 시간이 수평으로 누워 밤을 내다보고 빈 잔에 또 물이 채워진다 밤이 우는 소리가 들린다 눈이 캄캄해진 여자는 서걱거리는 사랑에 귀를 기울인다 그림자는 제 몸에 붙어 돌아오지 않고 말은 침묵을 지킨다

당신에게 눈을 줄게, 남자는 벼랑 끝에 서 있다 아니면 나도 당신처럼, 말이 손가락 끝에서 아우성친다 몸이 먼저 말을 밀어낸다 금방 간다는 말이 등짝을 후려친다 자신을 겨눈 칼끝에서 완강하게 버티는 몸이 말을 움켜쥔다 몸이 말을 끌고 간다 아우성이 질질 끌려간다

2016년 가을 그는 미궁에 빠졌고
영화는 마침표도 없이 문장을 끝낸다
화면 어두워진다

밥 또는 법

밥이 음지로 들면 법이 된다

('ㅂ'이 'ㅓ'자와 어울리면 초록은 들판을 물들이고
이슥고 새들은 가을을 물고 온다)

가을이 징검다리를 건너오고 도랑물이 도란도란 말을 걸고 엄마는 하얗게 김이 오르는 밥을 상에 올린다 아버지가 누운 아랫목에서 검은 냄새가 나자 밥은 문득 법이 되었다 엄마의 법은 단단하고 어두워졌다 뜨거운 수렁을 건너야 했고 막막한 사막을 걸어야 했고 김이 서린 11월을 갈무리해야 했고 밥상 앞에 머리털이 허연 겨울을 앉혀야 했다

아침마다 고봉으로 자리 잡는 법 앞에서
엄마의 밥은 찬 손으로 허공을 닦았다
모음 'ㅏ'가 따라오지 못하고 뒷걸음질을 쳤다

나는 늘 ㅏ와 ㅓ 사이에 걸터앉아 문 밖을 살폈다

사진첩에서

느티나무가 빈집을 지키고 있다
밤이 되면 척추가 휘는 소리에 하루가 조금씩 허물어진다

삭정이처럼 말라버린 약속들이 가늘게 눈을 뜨고 바깥을 내다본다

새벽이 잠을 깨울 때마다 징징거리는 말이 이불을 뒤집어 쓴다

추위가 목덜미를 움켜잡는 아침, 무덤 위 노란 햇살이 손짓을 한다 마른 잔디에 몸을 맡기면 죽은 할머니가 선잠 속으로 들어온다
'우리 강아지 곶감 하나 줄까'

오해로 더러워진 말이 세수를 한 채 대문으로 들어선다 수건으로 이마를 가린 마음이 하얗게 돌아앉는다

저수지 길을 돌아간다 빈 학교가 손을 흔든다 상급 학교에

진학하지 못한 반장애가 지게를 지고 걸어온다 말이 얼굴을 돌리고 그렁그렁 애련을 매단다

뒷마루에서 하늘을 본다 구름처럼 부풀어 오른 말이 하늘을 떠다닌다
마음이 위태롭게 말을 붙잡고 있다

낯선 도시에 비는 내리고
스무 살이 찻집에 앉아 (　)을 기다린다

서까래가 주저앉자 느티나무가 몸속을 훤히 드러냈다 텅 빈 구멍으로 무수히 많은 말들이 들락거렸다

수색역을 위한 꼴라쥬

연분홍 치마가 봄바람에 휘날리더라

수색역에 내리면 오래된 봄날이 마당을 지킨다 벤치에 앉아 과거를 기다리는 노인과 허공을 비질하는 대나무 숲과 비늘처럼 반짝이던 햇살, 장독대를 두드리던 둥근 빗소리가 산사의 풍경을 담아낸다 허공을 딛고 고요를 피해가는 발자국 사이로 드문드문 눈이 내린다 청노새 짤랑대는 역마차 길로 도로가 달려간다

사랑이 어떻게 변하니

푸슬푸슬 허물어지던 먼지가 낮달처럼 어슬렁거리던 시간은 수직으로 서서 하늘을 내다보고 굴다리 속으로 이어지는 늙은 길은 화면 가득 노란 보리밭을 데려온다

보리밭 사이로 고흐의 봄날도 간다

욕망에 관한

햇살이 기울고 상수리나무가 툭툭 제 살을 던져 적막을 깨는 집으로 갔을 때 등에 지고 온 생애가 고통을 호소했다 바다를 떠나 산으로 오르는 동안 몸을 지탱했던 두 발이 벌겋게 부어올라 화를 냈다 바다에 두고 온 푸른 약속이 울먹거렸다 수시로 마음을 만지고 갔던 바람이 머리카락을 잡고 흔들었다 부어오른 몸이 벼랑 끝에 선 욕망에 대해 질문을 했다

제 몫을 다하는 동안
돌보지 않았던 기침 소리가 등뼈를 흔들고 가는데

버리지 못한 마음이 또 앞장을 선다

빈집

오래된 그늘이 담장 아래 매달려 있다

몸을 키우는 저녁이 골목을 기어간다

버려진 그늘이 바람을 붙잡은 채 시간을 흔들어 깨운다

어둠이 발짝 소리도 없이 안으로 들어선다 퀴퀴한 냉기가 숨을 죽인다 숨어 있던 소리들이 슬금슬금 기어 나오고 늙은 문지방이 몸에 쌓인 기억을 덜어낸다 구부정하게 서서 좌우를 살펴보던 서까래가 사방으로 흩어진 제 모습을 들여다본다

바람은 불도 켜지 않은 채 버려진 세간살이를 만져보고 쪼그리고 앉은 달빛이 제 살을 어둠에 대본다

골목에서 사는 집 하나
밤마다 죽은 몸을 불러내 숨결을 입힌다

제승당*에서

중심에 든 붉은 마음
손잡아 길 열어준다

비는 내리고 제승당으로 가는 길은 젖어 있다 내장을 다 떨군 동백나무가 핼쓱한 얼굴로 바다를 내다본다 수루에 기댄 근심이 이승 밖에서도 국경을 떠나지 못하는데 부옇게 흐린 하루가 그림자도 없이 몸을 에워싼다

빈객
물무늬가 하얗게 적어놓는 말
가슴으로 적는다

---

* 제승당: 한산도에 있는 이충무공 유적지.

일주일의 드로잉

월 : 달이 하얗게 취한 네 손목을 잡는다 바다가 달빛을 꺼내 길게 다리를 놓고 너는 '건너가 볼까' 중얼거린다 여기저기 헛놓이는 목소리가 앞장을 서고 달빛은 이내 산산조각이 난다 어둠이 물귀신처럼 젖은 달을 끌고 간다 도망가자 네가 속삭인다 달빛에 취한 밤이 바다 끝에 누워 있다

화 : 장작불 속에서 비밀이 타고 있다 파란 불꽃이 일고 불구덩이가 입을 벌린다 소문이 양지로 들자 네가 중심으로 들어선다 머리끄덩이를 잡힌 비밀이 숨을 곳을 찾지 못하고 노을로 번진다 천 길 낭떠러지로 떨어진 소문이 네 등짝을 움켜쥔다

수 : 사람들이 물가로 모여들었다 죽은 우물이 제 몸을 꺼내 분석하기 시작했다 목이 마른 동네가 십리 밖으로 가서 물을 퍼왔다 까마귀가 멀리 사라지자 마을은 다시 수다를 퍼날랐다 여자가 남자 등에 업혀 바다를 건너갔다 비가 내리기 시작했고 끝도 없는 소문이 떠내려갔다

목 : 여름 내내 가지 끝에 앉아 있던 새 한 마리, 그늘로 내려온 바람에 기대 잠시 흔들린다 아직 떠나지 못한 울음이 강둑에 앉아 있다 강 너머 하얀 길이 끝도 없이 이어진다 나무 한 그루 보이지 않는 길에 간혹 먼지가 날리고 새는 제가 풀어 논 한숨이 공기를 타고 날아오른다고 생각한다

금 : 13일의 금요일에 태어난 아이는 조그만 충격에도 부서지곤 했다 늙은 아버지와 젊은 엄마 사이에서 밥상은 늘 날카로운 소리를 냈다 예수가 그 애 대신 죽었으므로 13일은 그 애를 증오했다 숲속에 숨어 있던 어둠이 고개를 바싹 쳐들고 창문을 들여다볼 때마다 그 애는 열세 번째 마녀가 두고 간 저주에 시달렸다

토 : 당신의 자궁 속으로 바람이 스며들 때쯤 연두색 숨소리가 강물을 건너가요 속살로 스며드는 햇살에 몸은 조금씩 허물어져요 수렁에 가두었던 어둠이 제 몸을 꺼내 분칠을 하고 애벌레들을 깨워 몸 밖으로 밀어내요 저승으로 가던 고목이 연두색 심장을 꺼내놓았어요 시작하자마자 끝에 도착하

는 계절이 등불처럼 환해요

일 : 나무들이 제 몸에 걸친 그늘을 붙잡고 여름으로 가고 있네요

신인류

밥상에 묻은 수다가 깔깔댄다
숟가락에 묻어 있던 입술이 파랗게 웃어댄다
햇살이 기웃거리다가 지붕을 건너가고 허공을 건너가고 시간을 건너간다
울음을 떼어낸 완전체에 기대 하루를 산 저녁이 실패를 선언한다

구석으로 피해 앉은 어둠이 잠시 창문을 내다본다 그쯤에 있는 시간을 만나 말을 편집하던 컴퓨터가 어슬렁어슬렁 언덕길을 내려간다 사람들이 떼를 지어 강물로 뛰어든다

금문교가 까맣게 물들고 알파고는 사람처럼 낄낄거리고
불화가 삽시간에 지구를 덮는다

이세돌 9단이 바둑판 앞에 앉아 자세를 가다듬는 밤

내 안에서 살던 세 살짜리 계집애가
문풍지에 구멍을 내고 있다

낙타풀

—영화 〈5일의 마중에서〉*

역에는 이별이 있고 마중이 있다 이별은 어둠 속으로 와서 계단 아래로 숨는 발자국 소리를 들었고 마중은 애비를 고발하고 돌아선 딸애의 발끝에서 멈췄다 빗소리가 어둠을 막아선다 변비에 걸린 욕망이 끙끙거린다 딸애가 먼저 낙타풀을 꺼내든다 붉은 피가 쏟아져서 가슴을 물들이자 펑은 기억 하나를 잘라낸다

기억은 5일마다 펑을 불러내고 루옌사는 오지 않는 제 이름을 들고 역으로 간다 어둠이 축축한 실타래를 꺼내 거리를 깁기 시작한다 한 무리의 바람이 목덜미를 움켜쥔다 죽은 시간에서 핏물이 뚝뚝 떨어진다 검은 손아귀가 딸애의 한 발을 질질 끌고 간다

조그만 여자애가 울고 있다 바람이 흠칫 놀라 그 애를 만져본다 속옷이 벗겨지고 허벅지 사이로 핏물이 흐른다 계집애의 비린 몸으로 한 떼의 독거미들이 기어간다

역사가 하얀 두건으로 얼굴을 가린 채 그들을 지켜보고 있다

*중국 장이머우 감독의 영화. 문화대혁명으로 강제수용소로 끌려간 남편과 기억이 소멸된 아내, 기억에 남아 있는 건 5일에 돌아온다는 한 마디뿐, 남편은 돌아오지만 그녀의 기억은 돌아오지 않는다. 남편은 매달 5일이 되면 아내와 함께 자기 이름이 적힌 피켓을 들고 기차역으로 간다.

3월

나뭇가지 끝에서 겨울이 앓고 있는 중 아직 걷어내지 못한 잠 위에 낮달이 기대 하얗게 침묵하는 중
사막을 건너온 누런 먼지들이 제 몸을 깔고 앉아 분단장을 하는 중 차일이 쳐진 마당으로 가서 사내들의 귓불을 슬쩍 만져보는데 늙은 사내가 눈치를 채고 탁주사발을 건네는 중 술잔이 오고가는 사이 꽃다지가 짧은 목을 내밀고 깔깔깔 웃는 중

날은 조금씩 풀어지고
동백꽃은 제 몸을 꺼내 가지 끝에 내걸다가 길 떠날 차비를 한 천리향에게 장자의 나비를 건네주는 중 가슴은 점점 더워지고 바다는 뒤로 물러나고 가을에 떠난 사내가 드문드문 카톡을 보내오고 속절없이 문자를 기웃거려보지만 이어갈 말을 붙잡지 못한 채 거리를 쏘다니는 중

냉이를 캐던 늙은이가 밭둑에 앉아 어깨 숨을 쉬는 중 시절은 또 한 번 사나워지고 편 가른 인심은 먼지에 실려 밭둑까지 날아오고 (귀먹어 어두웠던 날들도 있었다고 나중에 전

할 것) 저녁놀은 붉으죽죽 퍼지다 어두워지고

3월에도 눈은 내리고 밤새도록 눈이 내리고 가던 길을 멈추고 되돌아온 바람이 다리를 절뚝이며 들판을 헤매는 중 머리카락은 하얗게 젖었고 어둠은 치맛자락에 달라붙어 탕탕 큰소리를 치고 숲은 머리끝까지 눈을 뒤집어쓴 채 숨결을 고르는 중

아침이 되자 산수유나무가 잠을 깨서 바깥을 내다본다 좁쌀처럼 작은 눈들이 수줍게 벌어진다 햇살도 빈혈에 걸린 듯 휘청한다 하얀 풍경은 말을 넘어가서 그냥 침묵에 든다

나비가 된 장주는 아직 잠에 빠져 있고

열정과 냉정 사이

비가 내렸고 젖은 여인이 옷을 벗기 시작했고 축축한 열기가 뽀얗게 방문을 가려주었고 비릿한 어지러움이 삼십 년을 쓰러뜨리자 벽은 낄낄거리고 웃다가 점잖은 척 자세를 고쳐 앉는다

길을 걸으면 철학자가 된 듯해, 걷기로 마음먹은 네가 말했다 길을 걷다 보면 많은 사람들을 만나게 돼 그때마다 니체나 랭보가 걸어온다는 생각이 들었어 철학자가 된 누군가가 오는구나, 네 번째로 남해안을 돌아온 후 다시 걷기에 나섰을 때 내가 물었다 화담이라면 지족선사를 비난했을까, 인간적인 행위와 인격적인 행위의 다름이지 너라면 비난할 수 있겠어? 지족선사는 제 그릇을 몰랐던 게야 비로소 욕망을 보고 욕망에 충실했던 거지 넌 엄제쯤 내 몸이 만지고 싶어질까

만남은 카페 안으로만 한정할 것 만남이 계속돼도 한계를 벗어나지 않을 것 약속을 하고 약속을 지킬 것 마음이 커지고 마음속에 숨어 있던 욕망이 커지고 기웃거리는 의심이 커

지고 입안에 고여 있던 말이 소리를 질러도 절대 입 밖으로는 내지 말 것 온몸으로 쏟아지는 폭력도 스스로 감내할 것 오지호는 두들겨 맞고 여자는 스스로 입술을 뚫어 피를 흘리지만 몸으로 옮겨간 욕망은 잉걸불처럼 뜨겁기만 하다*

비가 오면 우리 함께 걸을래
우리의 견인주의자는 빙그레 웃기만 한다

* 영화 〈커피메이트〉 중에서.

이면

'너를 죽이고 싶어'라는 말이 말을 버렸다 말을 버리자 마음이 굴뚝을 세웠다 하루 종일 연기가 오르는 굴뚝을 가슴에 달고 뻐끔뻐끔 말을 피워댔다 죽이고 싶어 더 죽이고 싶어 그녀는 깔깔 웃고 신발을 들이댔다

이건 농담이 아니야 웃음 속에서 눈물이 번득였다 말 뒤에 감추어진 말이 검은 휘장을 끌어내렸다 문득이라는 말 속으로 칼날이 스며들었다

여름이 되자 어둠을 향해 발을 뻗는 비밀들이 비린내를 풍기기 시작했다 여자의 손과 발에서 사과나무가 자라났다 죽은 사내가 사다리를 밟고 올라가서 증오를 따냈다

붉은 말이 끝도 없이 흘러내렸다

제3부

어둡고 맑고 깊은

촛불을 켰어요
추억을 불러 당신의 무릎에 앉히고
서가에 꽂혀 있는 말들을 아주 조금만 꺼내 악보로 만들어요
창밖에는 비가 내리고
고요가 더 깊이 뿌리를 내리는 시간
키르기스스탄의 하얀 숲길로
빠르게 걸어가는 어둠이 보여요

제 목숨에 불을 붙이던 붉은 뺨은 색채를 잃은 지 오래
조금 더 조도를 낮추고 죽은 자들을 불러 원탁에 앉혀요

문득 저승을 건너온 바람이
어깨동무를 하고 모두를 비워버린 영혼처럼
맑은 시간이 창문을 두드려요

나타샤를 잃은 사내가 시베리아 벌판을 가로질러
문자 속으로 성큼성큼 걸어 들어오네요

혼자 남겨진다는 것은

혼자라는 말 속에 숨어서
하루 종일 어둠을 견디는 것

강물이 우는 소리를 듣는 것

추수가 끝난 논바닥에 웅크리고 앉은 볏짚처럼
빈 마음이 보이는 것

몸속 깊숙한 곳에서 마른 가랑잎 소리가 나는 것

빈 하루가 발뒤꿈치에 달라붙어
돌아오는 저녁이 내내 막막하기만 한 것

낯선 길 위 버려진 구두 한 짝이
누군가의 슬픔으로 보이는 것

오랫동안 비워진 고택을 지날 때
문득 죽은 할머니의 할머니의 할머니의

한숨 소리를 듣는 것

눈이 내린 아침이면 텅 빈 적막을 데리고 빈 의자에 앉는 것
하얗게 얼어붙은 적막을 꺼내 적막으로 다스려 보는 것

물처럼 가라앉은 어둠이 제 숨소리에
귀를 기울이는 것

그리하여
강물 우는 소리가 깊게 들리는 것

11월에 내리는 비

머리맡까지 따라온 빗소리가
창문에 매달려 울고 있다

밤에
비는 내리고
누군가는 또 이별을 하고
떠나서 오지 않는 이를 기다리다가
도랑물을 건너가고
스치기만 해도 핏물이 돌던 스무 살을 건너가고
예고도 없이 떠난 사내들을 건너가고
침대 모서리까지 젖어 축축했던 날들
어둠 속을 둥둥 떠다녔던 잠
창문을 들여다보던 바람이 깜짝 놀라 창문을 흔들었고
달빛이 파란 비수로 온몸을 찔러댔다

시간이 제 몸을 씻어낸 후에야
하얗게 핀 얼음꽃을 데리고 개울물을 건너왔다

쓸쓸한 서른한 살이 또 건너왔다

11월에 비는 내리고

지독한 사랑

의심이라는 독충에 물리면 심장이 빨갛게 부풀어 올라요 의심은 의심을 찾아 사방을 헤매고 귀는 헐어 고름이 흘러요 당신의 곁눈질 속에서 진실은 늘 어둠 편이지요 의심은 당신 가슴에서 아무것도 캐낼 수가 없어요 그냥 무릎이 무너질 뿐이에요 의심이 파랗게 독을 품기 전에 무엇이든 해야 했어요

그래요 무엇이든 해야 했어요 독버섯처럼 자라나는 의심이 당신을 해치기 전에 무엇이든 해야 했지요 그것만이 우리를 살게 하는 길이었어요 천리 밖으로 도망쳤지만 의심은 먼저 와서 의심을 기다렸어요 수만리 밖으로 도망쳐도 의심은 여전히 따라와서 발목을 잡았어요

차가운 돌처럼 죽은 하루가 문 밖에 서 있어요
아직 꺼지지 않은 의심이 창문을 들여다봐요
이제 커튼을 내려야 해요
안녕 내 사랑

파란 새 한 마리가 홰를 치네요

극성스럽다

천 마리가 넘는 참새들이 날아왔다 마당이 자글자글 끓는다 한 움큼이 넘는 좁쌀이 아우성을 친다 거실에 가두었던 고요가 빠져나와 햇살을 물어뜯는다 물끄러미 지켜보던 바람도 한바탕 제 몸을 풀어낸다 참새 깃털이 바들바들 떨린다 감나무가 좌우를 둘러보다가 담장에 이마를 기댄다 나뭇잎들이 머리를 흔든다 소란을 먹고 지붕으로 올라앉은 참새들 깔깔깔 웃어댄다

불꽃처럼 사랑이 켜졌다 실내를 떠다니던 음악은 혼자서도 춤을 춘다 오랫동안 주인을 기다려준 빈집이 활짝 문을 열어준다 바람만 드나들던 거실이 스스로 촛불을 켠다 밤은 웃고 중얼거리고 소리 지르고 울다가 자지러진다 지구를 비켜선 달이 어둠을 밀어낸다

과부하에 걸린 어둠 속
극지까지 다녀온 하루가 선 채로 졸고 있다

길 위에서

길은 나를 데리고 사방으로 흩어진다 자욱하게 안개가 낀 날에도 길은 나를 불러냈다 신발을 꺼내 신으면 등줄기로 허기가 몰려들었다 등굣길은 늘 버거웠어 열네 살 계집애는 안개 속에 갇혀 길을 잃고는 했었다

떨어진 기온을 견디지 못하고 대기가 몸을 움추린다 이십 년 전 기억을 꺼내 조근조근 말해줄 수 있는 길이 아직도 그곳에 있을까 길은 자주 몸을 바꿨다 새파란 하늘이 겨울을 붙잡고 있다가도 뿌연 열기에 몸을 섞고는 했다

여름으로 접어들면 태양이 뜨겁게 나를 이끌었다 산과 바다가 훌렁훌렁 옷을 벗어던지고 가랑이를 벌렸다

황조롱이가 밤마다 와서 울고 새벽이 속옷을 걸치면 길은 다시 안개를 끌고 와서 형상을 지웠다 풀섶에 내려앉은 새벽이 신바닥에서 버석거렸고 허연 공기가 입김에 달라붙어 한숨처럼 퍼져나갔지만 길은 한사코 외투를 권했다

너는 길에 버려진 아이였어 엄마가 너를 만났을 때 넌 마치 천사 같았단다 그곳이 어디인지 알지 못한 채 길을 헤맸다

밤에는 죽은 사람들도 끼어들었다 제일 먼저 엄마가 손목

을 잡았다 내가 도와줄까 엄마는 죽었잖아요 그림자도 없는 어둠이 발소리를 보태고 놀란 부엉이가 푸드덕거리며 혼곤한 밤을 털어냈다

엄마 나는 누구일까요

핑크 카펫

핑크 카펫에 앉아 있는 늙은이가 시선을 잡아당긴다 온전하게 산 하루가 저녁노을처럼 빨갛다

하늘이 높아지자 황조롱이가 찾아왔다 창문이 제 몸을 열고 바람을 끌어들였다 돌아서 가던 그림자가 발걸음을 멈췄다 방어벽이 없이는 네 곁에 있을 수가 없구나 짝이 맞지 않는 구두를 신고도 도로를 활보하는 너는 누구니

11월은 많이 가난해지는 달이래요 가진 것이 많으면 무겁지요 아직 들에는 연기가 남아 있어요 모든 것이 사라지기 전에 당신을 보러 가겠어요 흰 눈이 내릴 거예요

아이를 나무라지만 속으로는 더 많이 부끄럽다는 생각을 해요 벌거벗은 알몸이 추하다는 생각, 여전히 많은 거짓을 주렁주렁 매달고 당신을 본다는 생각, 어른이 된다는 건 멀쩡한 얼굴을 하고 멀쩡한 말을 해야 한다는 것도요 끔찍하게 당신을 싫어하지만 별 볼 일 없는 내일 때문에 견딘다는 생각, 무엇보다도 저축한 미래가 없다는 생각

당신들은 왜 그렇게 복잡할까요
이쯤에서 하얀 눈이 내리면 좋겠어요
여전히 핑크 카펫에는 앉을 수가 없네요

낙관주의자의 빈집

밥이 끓기도 전에 가슴이 먼저 끓었어요
오래전에 떠났던 구름이 문 앞을 기웃거릴 때마다
장맛비가 쏟아졌지요
시계추처럼 떠돌던 사내들도 다 돌아간 저녁
앞치마에 흘린 시간이 구정물처럼 검어요
마음을 붙잡지 못해 부산했던 하루가
문지방에 어둠을 데려다 놓은 채 홀로 잠자리에 들어요
젊어서 환했던 날들
대낮에도 사랑은 눈물을 흘렸어요

따뜻함에 대한 가벼운 사유

옹기종기 모여 앉은 아이들을 밝은 담벼락이 감싸고 있을 때
마른 숲이 지나가는 바람을 건드릴 때
손가락 사이로 바알갛게 핏물이 도는 햇살이 들어와 앉을 때
겨울이 허연 수염을 쓰다듬는 동안 늦게 도착한 소문이 여자애들의 웃음소리로 이어질 때
강아지 한 마리가 죽은 고양이 곁을 지키고 있을 때
산수유나무가 어깨를 흔들 때마다 하얗게 떨어지는 눈뭉치들 사이로 빨간 불꽃들이 켜질 때
옛날 애기처럼 몽울몽울 피어나는 굴뚝 연기를 보았을 때
노랗게 내려와 앉은 햇살이 빈 의자에서 식어갈 때
기억 속에서 울고 있는 계집애를 가만가만 토닥거릴 때
무엇보다도 아기의 웃음소리가 들리는 창문 앞을 지나갈 때

방정식으로 풀기

먼지들도 모여 산다
바람이라도 불면 오글오글 모여 무리를 이루고 덩치를 키운다

술 냄새와 담배 냄새에 찌든 사내를
하루 종일 뒤통수에 욕설을 달고 사는 사내를
밤이 되면 소리소리 지르다가 아무나 붙잡고 엉엉 우는 사내를
한때는 넥타이에 작업복이 잘 어울렸던 사내를
어떤 악다구니에도 씩 웃던 사내를
헤어지자는 말에도 그럼 그러든가 순순했던 사내를
너도 사람이라고 숨은 쉬고 싶니
증오가 문지방을 넘다가도 목 안으로 숨게 하는 사내를
하루에도 몇 번씩 핏빛 경계를 넘어가는 사내를

나무들이 마음을 비우기 시작했다 빈자리가 한동안 그의 그림자를 데리고 방문을 드나들었다 그가 앉았던 자리가 조금씩 커지고 빗물이 스며들고 파랗게 곰팡이가 슬자 누더기

처럼 너덜너덜해진 겨울이 창문을 기웃거렸다

참새들이 자글자글 지껄이다가 여자가 멈춰 서자 뚝 그친다 경계의 침묵이 나무 언저리를 감싼다

빈 가지에서 마른 햇살이 떨고 있다

갱년기

허공이 깊어지면서
시린 손 잡아준다

길은 저 혼자 쓸쓸해지고
창문이 깨어나 어둠을 밝힌다

서둘러 보낸 저녁이
책갈피에서 빠져나와 의자에 기대앉고
바람이 맨발인 채로 저벅저벅 지붕을 밟고 간다
누군가는 잠을 꺼내 집 밖으로 보내고
누군가는 제 그림자를 껴안은 채 침대 모서리에 눕는다

겨울이 허옇게 센 머리를 틀어 얹은 채 깊은 침묵에 든다

망우역에서

열하루 달빛이 걸음을 멈췄다

여기까지가 당신을 내다버린 하루라고
떠나간 날짜가 하늘에 걸린 달빛처럼 뿌옇다고
근심을 잊는 곳에서 근심이 살아났다고
온종일 당신을 버렸지만 잠시도 버리지 못한 하루가
의자에 앉아 있다고

창밖으로는 어둠이 깊어지고
고개 숙인 하루가 제라늄의 붉은 어깨에 기대 시들어 간다고

이곳은 마음을 버리는 곳이라고 말이 말을 자르는데
안개가 풍경을 지우며 하얗게 몰려드네

편견

'죽으면 썩을 몸이거늘'
의문 하나가 꿈틀거렸으나 아버지의 말씀이었다

몸속에서 해골이 운다
나는 울지 않았으므로 얼굴이 일그러진다

몸속에서 뼈마디가 아프다고 아우성치지만 못 들은 척한다
절그럭거리는 무릎이 화를 낸다

깊은 밤
몸속에 누워 있는 대퇴골이 만져지면 문득 찾아올 죽음이 낯설어 손목이 캄캄해질 때도 있다 해부학 교실에서 본 너의 실체가 죽음이라는 것 깊은 곳에서 들쑤시는 통증이 (네 속에서 너를 견디며 반세기를 지냈다고 어두웠다고 늘 아팠다고 아무도 제 속의 본질을 들여다보지 않았다고 이불을 끌어올려 덮어보지만 늘 추웠다고) 캄캄한 어둠을 헤매고 엉금엉금 기어서 새벽으로 간다

언제나 멀찍이 돌아누워 돌보지 않았던 몸이 나에게 시비를 건다 늘 뒷전으로 미뤄뒀던 살덩이가 마음을 노려본다 아무것도 들어 올리지 못하는 시간이 킬킬거리고 웃어댄다 '몸은 결코 거짓말을 안 하거든' 법이 된 말씀이 끙끙 앓는다 무릎이 어두워진다

출근길

가방이 딸애를 짊어지고 간다
징징거리는 아침이 발끝에 걸리고
전철은 숨이 턱에 차는 나를 기다려주지 않는다

성인이 된 그 애가
덜 깬 잠을 짊어지고 새벽을 연다
그 애의 딸애가 치마꼬리를 잡고 놓지 않는다

지구를 돌아 서른두 바퀴의 몸무게를 키운 시간이
허공에 머물러 있다

여름이 오기 전에

등나무를 베어냈다
마당이 훤하고
네가 떠난 자리도 훤하다
흔들리던 햇살
꽃잎에 머물고
꽃잎에 머물던 너의 말
허공에서 하얗게 물기를 털어낸다

울타리 사이로 드나들던 바람
꽃술에 묻은 웃음 불러내
담장 아래로 자지러진다

마루 밑 어둠 속에서
고양이 한 마리가 또록또록 눈뜨고 있다
환하다

사랑

관계란 참 고약해 네가 싫은데 이젠 정말 싫증이 났는데 널 떠날 수는 없고, 그의 말에 발톱을 드러내지는 않는다 말은 진실에 미치지 못하는 법 늘 뒤틀리거나 옆길로 새거나 색칠을 하거나 그래서 내 사랑에는 곁눈질이 없는 걸까

그가 떠났다
환한 아침이었다
그의 말은 이미지에 불과하다고
진실은 한 눈을 감고 있어 턱 아래 흉터는 볼 수 없다고
그래서 아무도 눈여겨보지 않을 거라고
떠날 수 없다고

본질로 가는 길목에서 나는 늘 목적어를 잃곤 한다
어디쯤에서 잘 풀어진 문장 하나를 만날 수 있을까

쇠똥구리관

아기를 지우고 나서도 아무렇지도 않았는데,
이집트 보물전을 보고 나와서 여자가 울기 시작한다
고양이나 강아지관도 놀라웠지만
쇠똥구리관 앞에서는 내 자신이 혐오스럽기까지 했어
그 보잘 것 없는 벌레에게도 관을 해주다니

울음이 한동안 귀를 떠나지 않을 듯하다

맹인가족

여자애 간다
양손에 그 애 부모가 매달려 있다

나란히 선 신발이 말을 걸고
바람이 살랑살랑 치마를 흔들고
도란도란 귀가 간지럽다
웃음도 뒤따라간다

환하게 등을 켜든 목련이
한참을 지켜본다

시

꿈을 꿨다
열두 번이나 지구를 돌고 왔다는 시인 L이
언어는 무기야 자랑을 했다
알아들을 수도 없는 말이 물처럼 흘러서 말을 적셨다

꿈을 꿨다
그 여자가 양동이에 물을 담아 내게 퍼부었다
알몸이었고 아직 3월이었다
소리를 질렀는데 소리는 밤을 건너가서
딸애 방문을 두드린 듯
엄마 왜 그래 욕까지 하면서

꿈을 깬 후에도
말과 싸우느라고 하얗게 늙어버린 잠이
창문을 흔든다

축복

밤새도록 눈이 내렸다

집으로 오는 길도 지워지고
나가는 길도 없어졌다

나가서 구해야 할 근심도
사라졌다

해설

어둠으로 어둠을 이기는 법

이현호 시인

1.

인간은 기억의 지배를 받는다. 특히 무의식에 각인된 과거의 크고 작은 정신적 상처들은 부지불식간 우리의 감정과 행동에 영향을 끼친다. 우리는 기억 속에 둥지를 튼 충격이 잊히지 않고 살아남아 현재의 삶에까지 관여하는 것을 쉽게 볼 수 있다. 기억도 나지 않는 유년기의 불쾌한 경험 때문에 성인이 되어서도 그 사건을 연상시키는 사물을 보면 괜히 기분이 안 좋아진다든가, 물에 빠져 죽을 고비를 넘긴 사람이 그 후로는 수영장 근처에도 얼씬거리지 않는 것 따위가 그 비근한 예다. 우리의 정서나 행위에 장애를 유발하는 이런 정신적 외상들, 즉 트라우마(trauma)는 심각할 경우 다양한 사회 부적응, 관계적 문제, 몸과 마음의 불안정을 유발한다. 때문에 이를 치유하는 과정이 매우 중요한데, 그 시작은 스스로 트라우마를 인지하는 것이다. 문제를 자각한 후에는 사태를 직시하려는 노력이 절실하다. 살 속에 박힌 사금파리를 감은 눈으로 빼낼 수는 없다. 이 점에서 시인이란 존재는 특별하다. 이들은 대면하고 싶지 않은 상처의 기억을 애써 시로써 복원한다. 시인은 제 손으로 상처를 벌리고 흘러내리는 피를 받아 시를 써내려 간다. 처절한 자기 확인 욕망이 추동하는 이러한 피학을 미학으로 승화시키는 시인의 고투는 그것으로 트라우마를 뛰어넘는다. 나아가 시화(詩化)된 상처를 통해 타인의 상처를 어루만진다는 점에서 이들의 상처는 때로 아름답기까지 하다.

2.

단막극의 형식을 빌린 시 「순록을 위하여」에는 해양신도시 건설 사업으로 매립된 마산 앞바다에 관한 이야기가 나온다. 등장인물인 '나'는 40년 만에 이곳을 찾은 '가'에게 그 얘기를 들려준다. "40년 전 기억이 곳곳에 남아 있는" '가'는 '나'의 전언을 통해 바다에 얽힌 경험을 반추한다. 그의 기억 속 바다는 자신을 "괜찮다고 괜찮다고 위로"해주던 존재였으나, '나'가 말하는 바다는 매립지를 덮쳐 마을을 휩쓸어버린 괴물이다.

때 : 2014년 10월

곳 : 국립마산병원

가 : 40년 전 기억이 곳곳에 남아 있는데 바다는 보이질 않네요

나 : 해양신도시 건설 사업으로 바다 절반이 사라졌답니다 가포 앞바다도 그때 매립되었지요

가 : 바다가 사라졌다구요? (혼잣말로) 그 무렵 늘 죽음이 다가와서 방 안을 기웃거렸어요 밤새도록 머리맡을 어지럽혔던 기침 소리가 새벽이면 붉게 이불을 적셨고 사람들은 떠나갔어요 어제의 웃음이 오늘은 슬픔으로 바뀌었지요 그때 바다가 내게로 왔어요 절망이 나를 바다로 이끌었어요 보이지 않는 손들이 등을 돌리고 몸무게를 끌어내리는 동안 바다가 괜찮다고 괜찮다고 위로를 해주었어요

나 : (여전히 담담하게) 바다가 반격을 시작했지요 고향을 찾아온 물이 해안지대를 쑥대밭으로 만들었으니까요

가 : (여리게) 병원은 죽음에 더 가까이 있는 곳이었어요 늘 이승을 떠나려는 혼백이 창문을 두드렸어요 그런 날에는 공포가 눈을 뜬 채 머리맡을 지켰어요 발짝 소리

가 바쁘게 수술실을 드나들었고 어둠 속에 숨어 있던 소리들이 곳곳에서 눈알을 번득였어요 불안한 소문들이 입에서 입으로 건너갔지요

그래도 다음날에는 파랗게 세수를 한 바다가 창문을 열었어요

나 : 매립하기 전 마산 앞바다는 배들의 피난처였습니다 태풍이 오면 밤바다는 순식간에 불의 도시가 됐어요 바람보다도 먼저 그리움이 도착해서 처녀들의 마음을 설레게 했지요 (점점 세게) 그러나 2003년 9월 12일 태풍 매미가 왔을 때는 전혀 달랐어요 바닷물이 도로며 시장이며 아파트 허리춤까지 달려들었어요 일방적인 전투였지요 물건들이 파편처럼 날리고 건물이 무너지고 온 시내가 아수라장이 되었지만 사람들은 속수무책이었습니다 놀라운 것은 해안침수선이 매립지도와 일치한다는 것이었지요 사람들은 물이 고향을 찾아왔다고 수군거렸어요 두려움이 전염병처럼 도시를 덮었어요

가 : (가볍게) 몸무게가 시계 방향으로 기울자 겨울이 옷을 벗었어요 목련이 하얀 얼굴에 분을 발랐어요 웃음소리가 탱자나무 울타리를 넘어갔던가요 서쪽 하늘이 바다를 데려와서 꽃물을 들이는 동안 계절이 두어 번 더 도랑물을 건너갔지요

병원 뜰 : 단풍나무가 붉은 눈으로 40년 후 방문객을 들여다본다 산이 제 그림자를 끌고 와서 뜰 아래 앉아 있다 바다가 죽은 몸을 일으켜 세워 허공에 둥지를 틀 법한 가을

나 : 병원도 다시 신축할 예정입니다 이달 말, 68년의 형상을 허물고 나면 기억으로만 남겠지요

에필로그 : 하얀 새떼를 데리고 개마고원을 넘어가던 구름이 한 무리의 순록이 머무는 시베리아 벌판으로 길게 손을 뻗어본다

—「순록을 위하여」 전문

이 시는 "40년 전 기억이 곳곳에 남아 있는데 바다는 보이질 않네요"라는 '가'의 말로 시작해서 "68년의 형상을 허물고 나면 기억으로만 남겠지요"라는 '나'의 말로 끝을 맺는다. 두 문장의 중심에 있는 것은 '기억'이라는 단어다. 한 편의 부조리극을 보는 듯한 두 사람의 대화는 겉으로는 '바다'를 화제로 삼고 있지만, 얘기를 유심히 들여다보면 그것은 기억에 대한 비유다. 사라졌다가 다시 돌아온 '바다'는 기억이 어떻게 작동하는지를 말하고 있다. 우리 심신상의 문제를 일으키는 트라우마는 과거의 부정적인 기억을 연상시키는 어떤 계기에 의해 촉발되는데, 그 계기란 '태풍 매미'처럼 찾아온다. 그것은 미처 준비를 할 수 없거나 미리 대처한다고 해도 역

부족인 경우가 대부분이다. "고향을 찾아온 물이 해안지대를 쑥대밭"으로 만드는 광경은 어렵게 묻어두고 있던 기억이 예측할 수 없는 사태의 습격을 받아 되살아나서는 일상의 안정을 휘젓는 '상처의 귀환'과 닮았다. 가면을 쓰고 불쑥 나타난 트라우마를 대면한 사람은 그대로 두 발이 얼어붙은 채 "속수무책"에 빠지게 된다. "전염병"과 같은 "두려움"을 느끼며 "아수라장"이 된 마음은 트라우마를 상대로 "일방적인 전투"를 치를 수밖에 없다. 치유되지 않은 상처는 그것을 무의식 깊은 곳에 매립하고 그 위를 "해양신도시"와 같이 그럴싸한 추억으로 치장해놓아도 별 소용이 없다. 놀랍게도 "해안침수선이 매립지도와 일치한다"는 '나'의 말은 트라우마가 아무 때고 되돌아와 "반격을 시작"할 수 있다는 사실에 다름없다.

트라우마가 발현하는 데는 한 가지 조건이 있다. 정신적 상처를 입히고 무의식의 차원에 잠재하는 은폐된 기억이 환기되려면 그와 유사한 다른 사건이 주어져야 한다. 위의 시에서 '태풍 매미'가 '바다'를 '매립지'로 돌아오게 했듯이 무의식 깊은 곳에 유폐되어 있는 기억의 흔적을 불거지게 하는 도화선이 필요하다. 『낙관주의자의 빈집』에서는 '어둠'이 그렇다. 이 시집에 가장 빈번히 등장하는 시어인 '어둠'은 유년 시절의 상처가 발생한 시간이고, 이후로는 그 상처가 수시로 상기되는 시간이다. 대부분 시의 도입부에서부터 모습을 드러내는 '어둠'은 시집 전반에 걸쳐 자주 또 고르게 나타나며,

시 쓰기를 추동하는 중요한 요인으로 작용한다. “어둠을 향해 발을 뻗는 비밀들”(「이면」)이라는 표현에서처럼 저 어둠은 시간인 동시에 시인의 내밀한 사정들이 숨어 사는 공간이기도 하다. 「순록을 위하여」의 ‘가’가 “어둠 속에 숨어 있던 소리들이 곳곳에서 눈알을 번득였어요 불안한 소문들이 입에서 입으로 건너갔지요”라고 말한바 저 ‘어둠’의 정체를 밝히는 일은 이 시집을 읽어내는 첫 단추다.

> 어둠이 몸을 더듬어요 죽었던 숨소리가 늑골 마디마디를 주물러요 속수무책으로 풀어진 몸이, 동그란 지구가, 살 속에 들어 있던 비밀이 가랑이를 벌려요 어둠이 제 무게만큼 몸을 낮췄어요 별들이 몸에 묻은 물감으로 꽃잎을 그렸어요 어둡고 깊은 골짜기에서 둥근 물이 흘러내렸어요 죽은 몸이 천년을 깨워서 부풀어 오른 어둠을 숨겨주었어요
>
> —「고정관념」 부분

> 어둠이 발짝 소리도 없이 안으로 들어선다 퀴퀴한 냉기가 숨을 죽인다 숨어 있던 소리들이 슬금슬금 기어 나오고 늙은 문지방이 몸에 쌓인 기억을 덜어낸다 구부정하게 서서 좌우를 살펴보던 서까래가 사방으로 흩어진 제 모습을 들여다본다
>
> —「빈집」 부분

「순록을 위하여」가 은폐된 기억이 돌아오는 장면을 보여준다면, 위 두 편의 시는 그 기억을 촉발하는 요인으로서 '어둠'이 작동하는 과정을 드러낸다. 「순록을 위하여」에서 되돌아온 바다를 맞이한 사람들이 "속수무책"이었던 것처럼, 「고정관념」에서는 "어둠이 몸을 더듬"자 "속수무책으로 풀어진 몸이, 동그란 지구가, 살 속에 들어 있던 비밀이 가랑이를 벌"린다. 「빈집」에서도 "어둠이 발짝 소리도 없이 안으로 들어"서자 "숨어 있던 소리들이 슬금슬금 기어 나오고 늙은 문지방이 몸에 쌓인 기억을 덜어낸다". 인용한 두 편의 시는 '어둠'이 '몸/집' 속에 있는 '비밀/숨어 있던 소리'를 밖으로 이끌어내는 존재라는 걸 말해준다. 그렇다면 저 어둠에 의해 다시 시인의 눈앞에 환영처럼 펼쳐지는 광경은 무엇일까.

3.

가족은 우리에게 안락함을 제공하며, 그 구성원으로서의 일체감을 느끼게 한다. 특히 어린아이에게 가족의 존재는 절대적이다. 어린아이의 생존에 있어 가족의 보호와 양육은 필수불가결이다. 가족은 비단 먹고 자는 생리적 욕구의 해소나 위협적인 외부 환경으로부터 신체를 지켜주는 물리적 차원에서뿐만 아니라 정서적인 측면에서도 아이에게 지대한 영향을 끼친다. 가족은 아이가 최초로 타인과 관계를 맺는 집

단으로서 이때의 경험은 아이의 성격과 세계관의 형성에 직결된다. 나아가 운명 공동체인 가족은 아이의 존재 의의가 되는 한편 아이가 한 사람의 개별 존재로 성숙해가는 실존적 조건과 환경을 규정한다. 아이에게 있어 가족이란 곧 세계 전부라고 해도 과언이 아니다. 미성숙한 아이의 정신은 유연하고도 민감하게 가족, 즉 이 세계를 받아들여 내면화한다. 이때의 경험은 사람의 잠재의식 속에 오랫동안 살아남아 그의 정서와 행동 양식에 영향력을 행사한다. 상처의 기억은 트라우마가 되어 그림자처럼 쫓아다니고, 사랑받은 기억은 긍정적인 세계 인식과 자존감을 드높여준다. 『낙관주의자의 빈집』에서 '어둠'이 끄집어내는 몸과 집안의 비밀은 전자와 관련된다. 앞서 잠시 언급했듯이 '어둠'은 유년 시절 시인의 기억 속에 씻을 수 없는 상처가 낙인찍힌 시간이다. 그것은 으레 그렇듯 불우한 가족 서사와 밀접하다. '어둠'이 환기하는 가족의 추억은 혈연의 따듯한 동질감과는 거리가 멀다. 분열된 가족과 부재하는 가족 구성원들은 어린아이에게 상실감과 두려움만을 안긴다. 물론 시에 드러난 불행한 가족사사를 실제 시인의 삶과 일치시킬 수는 없지만, 고통과 가족을 한데 묶는 시적 주체들의 일관된 진술은 시인의 트라우마와 가족이 떼려야 뗄 수 없는 관계라는 걸 방증한다. 그만큼 시집이 그리고 있는 가족에 대한 세밀화는 날카롭고, 직관적이다.

13일의 금요일에 태어난 아이는 조그만 충격에도 부서지곤 했다 늙은 아버지와 젊은 엄마 사이에서 밥상은 늘 날카로운 소리를 냈다 예수가 그 애 대신 죽었으므로 13일은 그 애를 증오했다 숲속에 숨어 있던 어둠이 고개를 바싹 쳐들고 창문을 들여다볼 때마다 그 애는 열세 번째 마녀가 두고 간 저주에 시달렸다

—「일주일의 드로잉」 부분

가을이 징검다리를 건너오고 도랑물이 도란도란 말을 걸고 엄마는 하얗게 김이 오르는 밥을 상에 올린다 아버지가 누운 아랫목에서 검은 냄새가 나자 밥은 문득 법이 되었다 엄마의 법은 단단하고 어두워졌다 뜨거운 수렁을 건너야 했고 막막한 사막을 걸어야 했고 김이 서린 11월을 갈무리해야 했고 밥상 앞에 머리털이 허연 겨울을 앉혀야 했다

—「밥 또는 법」 부분

"늙은 아버지와 젊은 엄마 사이에서 밥상은 늘 날카로운 소리를 냈다"는 대목은 이 가족이 결코 순탄한 세월을 보내지 않았음을 짐작케 한다. 양성모음과 음성모음의 어감 차이에서 착상한 듯한 "밥이 음지로 들면 법이 된다"(「밥 또는 법」)는 재치 있는 표현도 아버지와 어머니의 갈등을 고스란히 드러낸다. 아버지에 대응하는 '늙은'과 '법'이라는 시어에

서 엿볼 수 있듯이 이 시집에 그려진 아버지상은 고지식한 가부장의 전형이다. "아버지라는 말은 공포를 앞세웠다 아버지라는 말은 십 리 밖에서도 눈을 부릅떴다 술 냄새가 머리통을 쥐고 흔들 때마다 짐승 한 마리가 방 안을 기어다녔다 잘못했습니다 아버지 어린 짐승은 빌고 또 빌었다"(「지킬 박사의 어떤 여름밤」)라는 구절이나 아버지의 잔소리에 "예, 아버지"(「내 동생은」)라는 대답만 되풀이하는 동생의 태도에서 우리가 발견하는 건 권위와 폭력에 물든 아버지일 따름이다. '젊은' 엄마 역시 아버지와 별반 다르지 않다. "엄마는 늘 혼만 냈다/피가 나도록 손톱을 짧게 깎아 주었고 머리도 고무줄로 단단하게 묶어야 했다 너무 아파서 짜증이라도 내면 가차 없이 어깨를 내리쳤다 해가 설핏해지도록 나가 놀면 큰소리로 나를 불렀다 저무는 석양이 빨갛게 골을 냈지만 엄마는 단호했다"(「반역」)라는 구절은 어머니가 아버지의 위압으로부터 자식들을 보호하기보다는 아버지와 같은 방식으로 아이들을 훈육했다는 사실을 보여준다. 또한 "그러나 장날이면 신바람이 났다/비단 치마저고리에 깨끗하게 닦은 흰 고무신을 꺼내 신고 대문을 나서는 엄마의 귀밑머리에서 자르르 분 냄새가 흘러나왔다 엄마의 그림자에 묻어오는 사내들의 발자국 소리를 기다리느라 온종일 달떠서 동구 밖을 내다보았다"(「반역」)라는 구절에서는 자신의 욕망에만 충실한 채 아이들은 나 몰라라 하는 무책임한 어머니가 그려진다. 자식을 사랑으로 감싸고 포용하는 게 아니라 방치하고 억압하는 부모의 행태는 당연히 아이에게 씻을 수 없는 상처를 남긴다. "아버지와 어머니를 묶어 내 집 현관 앞에다 패대기쳤을지도 모를 일"(「내 동생은」)이라는 진술에는 일가붙이의 고된 일을 도맡은 동생에 대한 미안함과 더불어 그 아이들이 부모에게 받은 상처의 깊이가 그대로 묻어난다.

아버지의 '법'과 어머니의 '밥' 사이에서 소외된 아이는 "늘 ㅏ와 ㅓ 사이에 걸터앉아 문 밖을 살"(「밥 또는 법」)필 수밖에 없다. 가족의 기능을 상실한 집을 벗어나 그 바깥에서 진정한 의미의 '엄마'를 찾아 헤맨다. 그런데 왜 '부모(父母)'가 아니고 '엄마'인가? 왜 『낙관주의자의 빈집』에서 '어머니'는 '엄마'라고 불리기도 하지만 '아버지'를 '아빠'라고 부르는 일은 없는가? 이 역시 시인의 상처와 관련 깊다. 『낙관주의자의 빈집』의 남성들은 아버지를 포함하여 대부분 여성을 버리고 떠나며 그들에게 상처를 남기는 존재로 등장한다. 시집 속 '남성/여성'의 관계는 '부모/아이'와 같은 위상을 갖는다. "예고도 없이 떠난 사내들"(「11월에 내리는 비」)은, "금방 온다던 남자는 돌아오지 않는다"(「불통에 관한」). "첫 번째 사내가 떠났을 때 나는 문턱에 앉아 수를 놓았다 다알리아가 피는 계절이었다 (…중략…)//두 번째 이별을 했을 때/내 몸에서는 벌레 한 마리가 자라고 있었다 꼬물거리는 헛것이 몸속에서 제 몸을 키워갔다 때때로 피를 토했고 캄캄한 어둠으로 얼굴을 가린 채 밤새도록 어둠을 지켰다"라는 구절은 남겨진 자, 곧 여성의 슬픔과 괴로움을 고백하고 있다. 그렇지만 이 방종한 사내들을 대하여 여자들이 약자인 것만은 아니다. "빙하기로 들면서 사내들은 죽어갔다 피하지방 속으로 숨은 여자들은 나뭇가지에 귀를 달아 동굴 속 어둠을 건너갔다"는 데서 알 수 있듯이 오히려 비극적인 운명에 맞서 살아남는 쪽은 여성이다. "원시 속으로 저문 사내들의 얘기는 하지 않으셨"던 할머니가 "바늘귀에 실을 꿰어 세상으로 가는 길을 보여주셨"(「호모사피엔스의 바늘귀」)다는 것은 강함만을 추구하는 남성에 비해 연약하기에 오히려 더 강하다는 여성성의 역설을 보여준다. 이런 경험과 스스로 여성인 데서 오는 동질감, 그리고 "아버지가 한눈을 파는 사이 엄마는 우물로 갔다 엄마를 받아 안고 머리칼을 풀어헤친 어둠이 밤마다 아버지를 찾아왔다 문살에 비친 알몸이 아버지를 흔들어 깨우고 넌 죽은 몸이야 고함소리가 밤을 흔들고 우리들은 이불 속에 숨어서 엄마를 부르다가 새벽이 되면 장지문을 열고 사랑방으로 건너가는 엄마를 보았다"(「우물에 관한 우울한」)라는 얘기가 일러주는바 엄마의 부재에는 아버지의 잘못이 있을지 모른다는 사실은 왜 아이가 '부모'가 아닌 '엄마'를 찾는지를 알게 해준다.

이웃집 여자가 검불을 떼어주며 좀 조신하게 다니려무
나 했을 때 어쩌면 저 여자가 내 엄마일지도 몰라 생각했
다 더 어릴 적엔 이모 뒤만 따라다녔다 통치마 끝으로 살
짝살짝 보이는 종아리가 유난히 희었고 말끝에 섞이는
웃음소리가 포도알처럼 탱글탱글했다 그림자처럼 따라
다니면서 그녀 속의 나를 찾느라고 온몸이 축축하게 젖
곤 했다 언젠가는 집에 놀러온 외숙모의 헌칠한 키에 반
해 혹시 이 여자가?

—「반역」 부분

어머니의 부재를 메우려는 아이의 노력은 우선적으로 모성애에 대한 갈구이지만 보다 근본적인 차원에서는 '자기 확인'의 여정이기도 하다. 우리를 낳고 기르는 어머니는 그 자체로 우리의 존재증명이기에 그의 부재는 곧 자기 정체성의 결핍으로 이어진다. '이웃집 여자'와 '이모'와 '외숙모'를 "그림자처럼 따라다니면서 그녀 속의 나를 찾느라고 온몸이 축축하게 젖곤 했다"라는 표현은 이를 말해준다. 모성애에의 갈망과 자기 확인의 욕구는 인간의 본능적 속성이다. 타인을 엄마로 '착각'하고 싶어 하는 아이의 순진한 상상은 천진한 만큼 더 가슴 아픈데, 우리는 누구도 어머니를 완벽히 대신할 수 없다는 사실을 이미 알고 있는 탓이다. 아이 역시 어른이 되면서 이를 깨닫고 진짜 엄마와의 화해를 시도하지만, 어머니는 여전히 냉담하기만 하다. 친정집을 찾은 시인이

"대문을 두드리지 못하고 머뭇거"릴 때 "불면에 들었던" 어머니가 건넨 말은 "돌아가거라"라는 한마디뿐이다. 이렇게 "육신보다 육친이 아픈"(「회암사지에서」) 상황이지만, 아이는 엄마를 찾는 일을 멈출 수 없다. 그를 통해서만이 자기 확인이 가능하기 때문이다. 아이는 결코 "엄마 나는 누구일까요"(「길 위에서」)라는 질문을 멈출 수가 없다.

엄마라는 말에는 두 개의 입술이 붙어 있어요

아침에 나갔다가 서늘한 밤이 창문을 기웃거릴 때쯤, 배고픔과 외로움을 잠으로 버티는 동안 그녀는 허깨비처럼 까맣게 스며들어요 때로는 지쳐서 때로는 마음이 상해서 죽은 척 엎드려 있으면 그녀가 나를 불러서 자신의 존재를 일깨워요 엄마가 왔는데 반가워도 안 해?

내 몸에는 적막이 스며들어 이미 어두워졌는데요
창문을 두드리던 바람도 줄기찬 빗소리도
그냥 캄캄해져서 어둠 속으로 기어들어 갔는데요

입술과 입술 사이에 갇혀 있던 말이
엄마를 찾아 길을 떠났는데요

—「쭈니의 혼잣말」 전문

“어둠 속으로 기어들어” 가는 이 시의 화자는 ‘쭈니’라는 반려견이다. ‘쭈니’는 온종일 “배고픔과 외로움을 잠으로 버티”며 엄마를 기다린다. 이런 ‘쭈니’와 늦은 밤이 되어서야 “허깨비처럼 까맣게 스며”드는 ‘엄마’의 사이는 시인과 어머니의 관계가 그대로 전치(轉置)된 것이다. “어둠이 근육을 키워요 밤이 깊어지는 동안 창문에서 별 하나가 사라졌어요 시계가 세 번 잠을 경고했구요 바람이 허공을 몸에 걸치고 골목을 지나갔어요 내 귀는 또 싱싱해져서 벽 속에 살고 있는 누군가의 한숨 소리를 들은 듯도 해요”(「불면」)라고 말하는 시적 주체와 “몸에는 적막이 스며들어 이미 어두워졌는데요”라고 말하는 쭈니의 모습은 자연스레 오버랩된다. “엄마를 찾아 길을 떠났는데요”라는 쭈니의 말은 아이가 성인이 된 뒤에도 ‘엄마 찾기’는 여전히 끝나지 않았음을 보여준다. 또한 「쭈니의 혼잣말」의 마지막 연은 아이가 ‘말하기’를 엄마 찾기의 방편으로 여기고 있음을 알려준다. 「불면」에서도 엄마를 좇아가는 건 내가 아니라 ‘말’이다(“꼬리를 잡힌 말이 혼자서 엄마를 따라가요”). “외롭다, 라고 말하자 구름이 몰려왔다”(「11월」)는 표현에서처럼 ‘말’에는 실천적인 힘이 있다. 말이 갖고 있는 이 힘을 믿는 자들이 바로 시인이다. 하여 시인은 시를 통해 부재하는 어머니를 계속 소환한다. 즉 시로써 잃어버린 자기에게 닿고자 한다.

4.

'집'은 유해한 외부 환경으로부터 우리를 보호해주는 물리적인 공간인 동시에 가정을 이루고 생활하는 집안을 뜻한다. '집'은 그 자체로 가족의 은유이기도 하다. '어둠'이 『낙관주의자의 빈집』 전체를 관통하는 시간적 배경이라면, '집'은 시집의 주요한 공간적 배경이다. 어둠에 의해 기억에서 떠오른 '집'이 아이의 불행한 가족사가 전개되는 장소라면, 성인이 되어 홀로 지키는 '집'에 찾아든 어둠은 시인에게 그때를 떠올리게 하는 방아쇠다. 전자의 어둠이 가족 서사의 목격자라면, 후자의 어둠은 회상과 성찰의 매개체다. 어느 쪽이든 어둠은 항상 '집'으로 모여든다. 앞서 인용한 「일주일의 드로잉」, 「쭈니의 혼잣말」, 「불면」에서 그랬듯이 집을 찾은 어둠은 창문에 들러붙어 관음증 환자처럼 집 안을 염탐하고, 그 어둠에 맞서는 '집'은 무력하기만 하다. 보호막으로서의 '집'은 '어둠'에게 치부를 들킨다. 가정으로서의 '집'을 채우고 있는 건 가족의 온기가 아니라 '몸에 스며드는 적막'이다. 아이는 집 안에 있으면서도 어둠에 무방비하게 노출되고, 그 아이는 자라서 빈집을 지키며 어둠에 물들어간다. 시인은 그 집을 '낙관주의자의의 빈집'이라고 부른다. 이곳에서 시인은 "별 볼 일 없는 내일 때문에 견딘다는 생각, 무엇보다도 저축한 미래가 없다는 생각"(「핑크 카펫」)을 하다가 "시계추처럼 떠돌던 사내들도 다 돌아간 저녁"이 오면 "문지방에 어둠을 데려다 놓은 채 홀로 잠자리에”(「낙관주의자의 빈집」) 든다. “창밖으로는 어둠이 깊어지고/고개 숙인 하루가 제라늄의 붉은 어깨에 기대 시들어”(「망우역에서」) 가는 것이 이 빈집에서의 삶이다.

혼자라는 말 속에 숨어서
하루 종일 어둠을 견디는 것

강물이 우는 소리를 듣는 것

추수가 끝난 논바닥에 웅크리고 앉은 볏짚처럼
빈 마음이 보이는 것

몸속 깊숙한 곳에서 마른 가랑잎 소리가 나는 것

빈 하루가 발뒤꿈치에 달라붙어
돌아오는 저녁이 내내 막막하기만 한 것

낯선 길 위 버려진 구두 한 짝이
누군가의 슬픔으로 보이는 것

오랫동안 비워진 고택을 지날 때
문득 죽은 할머니의 할머니의 할머니의

한숨 소리를 듣는 것

눈이 내린 아침이면 텅 빈 적막을 데리고 빈 의자에 앉는 것
하얗게 얼어붙은 적막을 꺼내 적막으로 다스려 보는 것

물처럼 가라앉은 어둠이 제 숨소리에
귀를 기울이는 것

그리하여
강물 우는 소리가 깊게 들리는 것

—「혼자 남겨진다는 것은」 전문

다양한 감각적 이미지를 활용한 표현들이 담담한 어조 속에서 뭉클한 아름다움을 자아내는 이 시는 어둠만이 들락날락할 뿐인 빈집에 혼자 남겨진 시인의 생활을 그린다. "혼자라는 말 속에 숨어서/하루 종일 어둠을 견디는" 시인은 "강물이 우는 소리"와 "몸속 깊숙한 곳"의 "마른 가랑잎 소리"와 "죽은 할머니의 할머니의 할머니의/한숨 소리"를 듣기도 하고, "눈이 내린 아침이면 텅 빈 적막을 데리고 빈 의자에 앉"아 "하얗게 얼어붙은 적막을 꺼내 적막으로 다스려 보"기도 한다. 시인은 어둠에 맞서 싸우기보다는 차라리 그것에 잠식되어버림으로써 스스로 어둠이 되는 길을 택하는 것이다. 자신

의 내밀한 속사정을 모두 알고 있는 어둠 속에서 시인은 모든 것을 내려놓은 채 "빈 마음"이 된다. 이렇게 "적막을 꺼내 적막으로 다스"리고, "물처럼 가라앉은 어둠이 제 숨소리에/ 귀를 기울"이자 아이러니한 일이 벌어진다. "목숨은 목숨에 기대서야 제 얼굴을 알아"(「목숨은 목숨에 기대서야 제 얼굴을 알아본다」)보듯이 시인은 자기를 내려놓는 순간 어머니의 부재로 인해 잃어버렸던 자기를 다시 만나게 된다. 어둠 속에서 예민하게 깊어진 시인의 귀는 "흑암천(黑闇天)이 제 모습을 드러내자" "수군거리기 시작"하는 "사람들"(「하이퍼 리얼리티」)은 결코 들을 수 없는 소리를 듣게 된다. 혼자 있는 시간이 스스로를 만나는 시간이 되고, 아무도 없는 적막이 더 깊은 소리를 들을 수 있게 한다는 역설. 시인은 "서까래가 주저앉자 느티나무가 몸속을 훤히 드러냈다 텅 빈 구멍으로 무수히 많은 말들이 들락거렸다"(「사진첩에서」)라는 이미지로 그 역설을 간명하게 풀어낸다. 또한 이 시구는 "무수히 많은 말들", 즉 시 쓰기는 허순행 시인이 어둠을 견디는 방법이었다는 것을, "흩어진 말을 모아 문장을 만드는 동안 말은 제 몸에 묻은 붉은 핏물을 본다"(「폭설」)는 구절은 이번 시집이 그렇게 치열하게 어둠을 견뎌낸 결과물이라는 점을 우리에게 일러준다.

구석으로 피해 앉은 어둠이 잠시 창문을 내다본다 그

쯤에 있는 시간을 만나
  말을 편집하던 컴퓨터가 어슬렁어슬렁 언덕길을 내려
간다 사람들이 떼를 지어 강물로 뛰어든다

금문교가 까맣게 물들고 알파고는 사람처럼 낄낄거리고
불화가 삽시간에 지구를 덮는다

이세돌 9단이 바둑판 앞에 앉아 자세를 가다듬는 밤

내 안에서 살던 세 살짜리 계집애가
문풍지에 구멍을 내고 있다

—「신인류」 부분

허순행 시인은 세계와의 합일을 염원하는 것이 아니라 유년의 상처를 되살리고 스스로 혼자임을 자각하게 하는 어둠과 끊임없이 불화함으로써 오히려 세계를 끌어안는다. 이런 포용적인 태도는 시인이 일찍이 얻지 못했던 모성애를 자기 자신의 몸으로 회복하는 것이다. 또한 이 과정에서 시인이 외롭게 던졌던 독백의 말들은 그대로 시가 되어 끝내 "기억 속에서 울고 있는 계집애를 가만가만 토닥거"(「따뜻함에 대한 가벼운 사유」)리는 위로가 된다. "낙관주의자의 빈집"이라는 표현은 그래서 가능하다. 앞서 살펴본 대로 어둠이 잠식한 '빈집'은 지독한 상처와 외로움의 공간이지만, "이세돌 9단이 바둑판 앞에 앉아 자세를 가다듬는" 것처럼 그것을 대할 때 "내 안에서 살던 세 살짜리 계집애"는 비로소 "문풍지에 구멍을" 낸다. 물론 이세돌 9단의 바둑은 시인에게 시작(詩作)이며, 문풍지의 구멍은 트라우마의 극복에 대한 비유에 다름없다. 시 쓰기와 함께 빈집에서의 낙관은 계속되는 것이다.

무엇보다 이 낙관이 그치지 않기를 바라는 이유는 시인의 다음 행보가 기대되는 까닭이다. 이제 어둠에 작은 구멍을 낸 아이는 호기심을 견디지 못하고 그곳을 통해 바깥을 건너보기 시작할 것이다. 내면으로만 깊어지던 시선은 자연히 바깥으로 눈을 돌릴 것인데, 오랫동안 고통의 시간을 견뎌온 시인은 그곳에서 만나게 될 타인의 상처에 누구보다 깊이 공감하지 않겠는가. 아픔으로 맑아져 "강물 우는 소리가 깊게 들리"게 된 시인의 귀는 이제 "낯선 길 위 버려진 구두 한 짝이/누군가의 슬픔으로 보이는 것"을 노래하지 않을까. 마치 "마루 밑 어둠 속에서/고양이 한 마리가 또록또록 눈뜨고 있다/환하다"(「여름이 오기 전에」)라는 구절 속 고양이처럼.

이 도서의 국립중앙도서관 출판시도서목록(CIP)은 서지정보유통지원시스템 홈페이지(http://seoji.nl.go.kr)와 국가자료공동목록시스템(http://www.nl.go.kr/kolisnet)에서 이용하실 수 있습니다.(CIP제어번호: CIP2017009870)

문학의전당 시인선 0254

낙관주의자의 빈집

초판 1쇄 인쇄 2017년 5월 1일
초판 1쇄 발행 2017년 5월 8일
지은이 허순행
펴낸이 고영
책임편집 서윤후
디자인 헤이존
펴낸곳 문학의전당
출판등록 제2017-000002호
주소 서울시 마포구 마포대로 11길 91, 3층
전화 02-852-1977 팩스 02-852-1978
전자우편 sbpoem@naver.com

ISBN 979-11-5896-317-0 03810